292

Freunde des
Radfahrens e.V.

Michel Anders
Heiteres Radfahren

W0060115

Freunde des Radfahrens e.V.

Radwandervorschläge
für die schönsten Erholungsgebiete
in Einzel-Ausgabe

Einbandgestaltung und Illustrationen: FRIEDER KNAUSS

ISBN 3-7718-0258-X

© 1975. J. Fink Verlag, Stuttgart S, Gebelsbergstraße 41
Alle Rechte, auch die der photomechanischen Wiedergabe
und der Übersetzung, vorbehalten
Schrift: Times
Satz und Druck: J. Fink, 7302 Ostfildern 4 (Kemnat)
Printed in Germany

J. Fink Radwanderführer

Heiteres Radfahren

Streifzug durch die Fahrrad-Geschichte

von MICHEL ANDERS
gezeichnet von FRIEDER KNAUSS

J. Fink Verlag · Stuttgart

INHALTSVERZEICHNIS

GELEITWORT

Lieber Radwanderer,

in Zusammenarbeit mit dem *Deutschen Sportbund* ist der *Bund Deutscher Radfahrer* bereits seit Jahren bemüht, die Öffentlichkeit auf das Radfahren als Gesundheitssport hinzuweisen und damit dieses ideale Sportgerät für groß und klein einer breiten Bevölkerungsschicht zugänglich zu machen. Von der Sportmedizin wird das Radfahren neben Dauerlauf und Schwimmen zur Gesunderhaltung des Körpers für alle Altersgruppen besonders empfohlen.

Der Bund Deutscher Radfahrer hat zur Förderung des Radfahrens in Freizeit und Alltag – gleichsam als Gegenpol zum Leistungssport – kürzlich die Organisation *»Freunde des Radfahrens«* gegründet, die in diesem Sinne Anregungen jeglicher Art geben möchte und außerdem ihren Mitgliedern zahlreiche Vergünstigungen in Verbindung mit der Benutzung des Fahrrades anbietet.

Ganz im Interesse unserer Bemühungen liegt die Herausgabe der vorliegenden Schriftenreihe, die wir mit Freude zur Kenntnis genommen haben. Wir werden unsererseits die ständige Erweiterung und Ergänzung der einzelnen Vorschläge mit aller Kraft zu unterstützen versuchen. Selbstverständlich werden wir hierbei Anregungen aus der Praxis, also von Ihnen, gerne dankbar aufgreifen.

Folgen Sie den interessanten und sachkundig zusammengestellten Tourenvorschlägen und entdecken Sie per Fahrrad eine völlig neue Umwelt. Hierzu wünschen wir viel Spaß.

BUND DEUTSCHER RADFAHRER E. V.
Hans Joachim Hangstein
Präsident

DIE GROSSEN ERFINDUNGEN

Streit und Kontroverse der Wissenschaftler, welches die größten und wichtigsten Erfindungen der Menschheitsgeschichte waren, werden wohl nie beendet werden. Da es bei der Argumentation auf den jeweiligen Standpunkt des Diskutanten ankommt, sind seine politische Einstellung, die Religionszugehörigkeit, Alter und Lebenserfahrung und demzufolge der Familienstand von nicht zu unterschätzender Bedeutung. Oder umgekehrt, Familienstand und Lebenserfahrung, denn das eine ist vom anderen nicht zu trennen. So breit die Palette der in die Diskussion gebrachten Gegenstände, sprich: Erfindungen auch ist, die Treppenleiter und die Pille, das Papier und die Nylonstrümpfe, Fliegenfänger, Weltraumstationen und Wasserspülung gehören sicher dazu.

Weit oben auf der Liste aber stehen die Druckerschwärze, das Rad und das Feuer. Das Schwarzpulver noch, doch dabei kommt es schon sehr auf den Standpunkt des Betrachters an, ob er Jäger oder General, Generaldirektor von Dynamit-Nobel oder pazifistischer Schriftsteller ist. Die Wichtigkeit der Druckerschwärze ist unbestritten: alle Parteien und Religionen brauchen sie, um ihre heilsbringenden Lehren zu verbreiten. Man bedient sich ihrer von rechts bis links, von rot bis schwarz, ob arm oder reich, Gewerkschaft oder Arbeitgeberverband. Über ihre Bedeutung gibt es keine Meinungsverschiedenheiten.

8

Auch die Notwendigkeit des Feuers ist klar. Nicht klar ist, ob das Feuer eine Erfindung oder eine Entdeckung war, ob es erfunden wurde oder ob es sich um die Auffindung einer schon vorhandenen, aber vorher nicht bekannten Sache handelt. Den Streit aber sollen die Gelehrten ausfechten. Fest steht, daß ohne das Feuer eines der beliebtesten Getränke nur kalter Kaffee wäre und die Menschheit auf Spätzle, Steaks und mancherlei Gourmandise verzichten müßte.

Das Rad. Ohne das Rad gäbe es des bundesdeutschen Wohlstandsbürgers liebstes Kind nicht, das Auto. Es gäbe überhaupt nichts ohne das Rad, es liefe nichts, es würde nichts laufen. Das Rad ist, darauf sollten wir uns einigen, die allerwichtigste Erfindung der Menschheitsgeschichte. Das Rad ist nachgewiesen seit der jüngeren Steinzeit, und war wohl ein aus Rundhölzern für die Beförderung schwerer Lasten entwickelter Rollkörper, dessen Nabe – das ist die Stelle, an der das Rad auf der Achse aufsitzt – durch eine volle Scheibe und erst sehr, sehr viel später durch Speichen mit dem Radkreuz verbunden war. Das Rad erzeugt statt der gleitenden eine wesentlich geringere rollende Reibung.

Heute ist das alles sehr einfach, das mit den Rädern. Es gibt sie überall zu kaufen, in allen Größen, Ausführungen und Preislagen. Aber damals, in der Steinzeit ... Man kann sich heute überhaupt nicht in die Lage unserer Vorfahren versetzen, welche Schwierigkeiten sie seinerzeit mit der Entwicklung eines neuen Produkts hatten, des Rads beispielweise. Die ersten

9

Probleme gab es bereits bei der Suche nach dem Personal. Denn Druckerschwärze gab es auch noch nicht, keine Rotationsmaschinen, keine Zeitungen, keine Rolleoffsetmaschinen, keine Rundfunkstationen. Entwicklungsingenieure aber mußten her, und wenn man sie aus dem Neandertal holen mußte. Man mußte sie mit dem zu entwickelnden Produkt vertraut machen, brauchte Höhlenwerkstätten und Arbeitskräfte. Zuvor aber mußten die Produktionsmaschinen produziert werden, mußte das Material beschafft werden, gute, haltbare Steine. Brüchiger Kalk oder morscher Schiefer war nicht zu gebrauchen; harter Basalt, das war die richtige Masse. Doch auch den gab's nicht überall. Hatte man ihn gefunden, dann saßen plötzlich alle in der Bredouille: Engpässe beim Abbau und dem Transport zu den Produktionsstätten.

Wenn aber endlich die Fabrikation lief, galt es Lagerräume für die Erzeugnisse zu schaffen. Die Absatzorganisation mußte aufgebaut werden. Und überhaupt mußte der Bedarf geweckt werden für ein so neues und unbekanntes Produkt. Und um es in die Serienfertigung gehen zu lassen, um die ganze Angelegenheit rentabel zu gestalten, galt es, die Transportfrage zu diskutieren. O ja, das Management hatte es seinerzeit schon schwer, denn das Know-how, die Eisenbahnen und das Fernstraßennetz mit den dicken Brummern fehlten. Alle warteten auf das Rad. So mußten die ersten produzierten Räder für den Eigenbedarf zurückgehalten werden. Das bedeutete wieder höhere Kredite, höhere Zinsbelastungen. Andererseits stieg

11

durch die Lieferschwierigkeiten die Nachfrage, was dazu führte, daß der Preis hochschnellte. Und das war auch damals nicht unangenehm ... für die Produzenten nicht. Und die Nachfrage war immens.

Doch dann lief die Produktion, war das Verteilernetz aufgebaut, waren die Vertreter mit neuen handlichen Schieferblocks und den gerade erst entwickelten Stein-Kugelschreibern unterwegs, rollte zum erstenmal in der Menschheitsgeschichte alles. Runde Sachen, runde Gebrauchsgegenstände waren der neueste Schrei. Das Rad begann seinen Siegeszug.

Von Geschichtsschreibung hielt man seinerzeit noch nicht sehr viel. So sind weder der Name des Erfinders des Rads überliefert, noch auch nur ungefähr das Datum dieser großen Erfindung. Es ist seit der Steinzeit bekannt, das Rad, und die Steinzeit – aufgegliedert nach Alt-, Mittel- und Jungsteinzeit – zog sich hin von etwa 600 000 bis 2000 vor der Zeitwende. Und irgendwann in diesen rund fünfhundertachtundneunzigtausend Jahren hat es irgendein unbekannter Tüftler erfunden. Vermutlich in den letzten 200 000 Jahren. Mit an Sicherheit grenzender Wahrscheinlichkeit wird es ein Schwabe gewesen sein. Angehörige dieser Rasse haben in der jüngsten Vergangenheit so verrückte Dinge wie den Urgroßvater des Fahrrads, die Draisine, das Automobil und den Zeppelin erfunden. Es ist also anzunehmen, daß es ebenfalls ein Schwabe war, der in einem finsteren Höhlenwinkel die Weichen für die Zukunft der Technik gestellt hat.

Mit der Zeit, im Laufe der Jahrtausende, hat sich das

12

Rad weiterentwickelt, wurde es immer wieder verbessert, modernisiert und sozusagen auf den neuesten Stand der Technik gebracht. Die viel zu schweren Basaltsteinräder wichen den Voll-Holzrädern, dann gab es irgendwann Speichen und als man dann das Eisen entdeckte – das wurde entdeckt, nicht erfunden –, gab es dann auch Eisenräder. Erst gab es Holzräder mit Eisen beschlagen und dann Räder ganz aus Eisen.

Eisenräder auf Steinstraßen machen Lärm, verursachen Geräusche, laute Geräusche. Und, obwohl man seinerzeit noch bessere Nerven hatte als heute und auch längst nicht so verwöhnt war, klamüserte wieder ein Tüftler den Gummireifen aus. Der war erst aus Vollgummi und später dann luftgefüllt. Aber diese sanften, weichen, luftgefüllten Reifen kamen erst später. Hei, wie jagen wir durch die Geschichte.

13

WAS ALLES MIT DEM RAD ZUSAMMENHÄNGT ...

Wie's aber nun einmal mit Erfindungen und Entdeckungen ist: Wo viel Licht ist, ist starker Schatten, sagte Götz von Berlichingen, und so wird's wohl auch sein. Es gab und gibt recht unangenehme Begleiterscheinungen bei dem Rad, oder wie man es nennen will. Sprichwörtlich jedenfalls. Nicht jede Erfindung hat nur gute Seiten; meist lassen sich Erfindungen auch von bösen Menschen mißbrauchen. Daß es nun ausgerechnet einer unserer Götter war, der hier den üblen Weg als erster beschritt ... das ist schon nichtswürdig, selbst wenn man den Erfindungsreichtum der griechischen Götter berücksichtigt.

Die Griechenwelt war vielgestaltig; dem einen Gelobten Land standen hier die vielen großen und kleinen Inseln gegenüber. Die Städte hatten ihre Beschirmer, die Heldinnen und Helden der Sagen ihren besonderen Anhang unter dem göttlichen Publikum auf dem Olymp. Hin und wieder kam es sogar zwischen den Zuschauern zu Handgreiflichkeiten. Gerade dadurch aber wirkte diese Götterwelt menschennäher und menschenähnlicher als so mancher andere Götterhimmel der alten oder neuen Welt. Die Mythenforscher haben auch beifällig bemerkt, daß die griechischen Götter, zum Unterschied von so mancher orientalischen, afrikanischen oder amerikanischen Gottheit, keine Menschenfresser sind. In allen Sagen erfahren wir darum auch, wodurch die Menschen den Zorn der

14

Götter erregt haben, und die schweren Strafen treffen zumeist tatsächlich den, dem wir auch nach unserem heutigen sittlichen Empfinden eine Strafe gönnen würden.

Ein Königssohn namens Ixion lud einen Mann ein, um mit ihm über seine Tochter und eine eventuelle Heirat zu sprechen. Der Arglose kam, fiel aber in eine sorgfältig getarnte Fallgrube, in der ein Holzkohlenfeuer so vor sich hin brannte. Er fand einen gräßlichen Tod. Zeus, von dem man sagt, daß er sich in Liebesdingen ähnlich schlecht benommen habe, vergibt Ixion und lädt ihn mit geradezu morbider Neugierde an die Göttertafel. Ixion denkt sich als seltsame Dankesbezeigung aus, Hera zu verführen, Frau Zeus also (vielleicht, um Zeus ein Argument in ehelichen Auseinandersetzungen an die Hand zu geben). Doch Zeus schätzt die Hörner nur, wenn er sie anderen aufsetzen kann, und läßt eine Wolkenbank Heras schwellende Formen annehmen. Ixion fällt auf die Täuschung herein und zeugt mit der Wolkengestalt Nephele den Zentaur. Er wird in flagranti ertappt und auf Befehl des Zeus zunächst gegeißelt und dann auf ein feuriges Rad geflochten. Das hätte Zeus nicht tun sollen.

In seinem Zorn hatte Zeus eine der rätselhaftesten, doch auch der grausamsten und schlimmsten Todesstrafen erfunden. Sie durchzieht in verschiedensten Gestalten die Völkergeschichte. Das Rädern ist bis heute Inbegriff für eine der härtesten Strafen.

Man kann allerdings auch heute noch *unter die*

Räder kommen, sinnbildlich oder im wahrsten Sinne des Wortes. Und beides ist nicht gut. Das eine endet im Krankenhaus oder noch schlimmer, das andere ... na, eben auch nicht gut.

Dann gibt es Radfahrer und Radfahrer. Das sei das gleiche? Mitnichten, muß ich entrüstet antworten, denn die Betonung dieser beiden – ich gebe es zu – gleichen Worte macht die Unterscheidung deutlich: Radfahrer, das sind diese Menschen ... es gibt viele, viele Millionen von ihnen auf der ganzen Welt, die ein Fahrrad besitzen und mit selbigem herumfahren. Wir kommen später noch auf das Fahrrad. Radfahrer aber haben oder besitzen meist kein Fahrrad und radfahren doch. Das sind die anderen. Sie ist nicht selten, diese Spezies, doch kommt sie längst nicht so häufig vor wie die radfahrenden Radfahrer. Die anderen, die nicht so häufig vorkommen, die haben zwar kein Fahrrad, so doch einen goldenen Lenker. Das bedeutet wiederum ... man kann es am besten mit folgendem Vers sagen:

> *Es ist so schön, im Frühling wohlzuriechen,*
> *obschon ich sonst kein großer Lüstling bin,*
> *ich wollte meinem Herrn Direktor*
> *in den Hintern kriechen,*
> *doch leider saßen schon ein Dutzend*
> *Prominente drin.*

Das sind die anderen Radfahrer, die fahrrad-losen mit dem goldenen Lenker. Und die, die nach oben buckeln und nach unten treten.

Doch mit ihnen haben wir nichts gemein.

16

Draisine

VON DER LAUFMASCHINE ZUM VELOZIPED

Ein Teufelsding zu erfinden, ist keine Kleinigkeit. Und Teufelsdinger waren zweifellos die pferdelosen, qualmenden, stinkenden und ratternden Gefährte, die der Herr Daimler 1886 erstmals auf die Menschheit losließ, ohne zu ahnen, was er da anrichtete. Auch die Eisenbahnen, die bereits einige Jahrzehnte früher das neue Zeitalter ankündigten, werden von vielen Zeitgenossen mit einer gewaltigen Portion Mißtrauen betrachtet worden sein.

Unvorstellbar aber wäre es, wenn der Herr da Vinci bereits ein paar hundert Jahre früher solche pferdelosen Wagen konstruiert und gebaut hätte. Das heißt, konstruiert hat er sie, wenn auch nicht bis ins letzte Detail ausgearbeitet. Nachgebaut und mit einigen kleinen Veränderungen würden diese Wunderdinger laufen. Leonardo da Vinci hat, man weiß nicht genau wann, Ende des 15. oder Anfang des 16. Jahrhunderts bereits eine Zeichnung gefertigt, *»Ansicht und Plan eines aus eigener Kraft fahrenden Wagens, der durch ein System von Federn angetrieben wird und für die Transmission ein Differentialgetriebe besitzt«.* Und er hat einen Wagen entworfen, der sich mittels eines Fallgewichts bewegt.

Die Probleme der Fortbewegung haben seine Aufmerksamkeit ganz besonders auf sich gelenkt; das beweisen die vielen Zeichnungen und Studien von Fahrzeugen und Wagen, die sich überall in seinen

18

Codices finden. Daran gedacht und daran gearbeitet haben die Herren Fontana und Valturio ebenfalls in jener Zeit. Das Fahrzeug von Giovanni Fontana aus Padua, entwickelt um 1420, war ein vierrädriges Gefährt, das von seinem Insassen durch einen Seilzug, der über Laternenräder und ein Zahnräderpaar auf die Vorderachse wirkt, in Bewegung gesetzt werden soll. 1504 wurde ein selbst-fahrender Schraubenwagen entwickelt, 1649 baute Hans Hautsch einen vierrädrigen Prunkwagen, dessen Fortbewegungsmechanismus allerdings Täuschung war, und einige Jahre später, um 1655, baute Stephan Farffler aus Nürnberg drei- und vierrädrige kleine Wagen, die mittels Handkurbeln über Zahnräder auf die Vorderachsen angetrieben wurden.

Uns geht's ums Fahrrad, nicht um Automobile. Seilzug hin, Handkurbeln her, das Ei des Kolumbus fand Freiherr Karl von Drais im Jahre 1817. Der badische Forstmeister, 1785 als Sohn eines Hof- und Regierungsrats in Karlsruhe geboren, erfand oder konstruierte ebenfalls ein pferdeloses Gefährt, eine Laufmaschine. Diese Maschine, von Muskelkraft getrieben – und jetzt haben wir den Übergang endlich geschafft –, war der eigentliche Vorläufer des Fahrrads. Die Draisine war der Uropa des Velozipeds.

Herr von Drais war offensichtlich von einem Übel befallen, das in der heutigen Zeit besonders grassiert: dem Zeitmangel. Er hatte einige Jahre vorher bereits einen Wagen gebaut, mit dem man sich schneller fortbewegen konnte. Und aus den gleichen Gründen entwickelte er seine Laufmaschine, die aus einem hölzernen Gestell mit zwei einspurig laufenden, gleich großen Holzrädern bestand. Das vordere Rad war in dem Gestell drehbar. Immerhin hatte er, vielleicht aus Erfahrungen klug geworden, vielleicht bereits in Vorahnung der schlechten Straßenverhältnisse – was sind unsere heutigen Straßen im Vergleich zu den damaligen Sturzäckern, Straßen genannt – einen gepolsterten Sattel angebracht, der sich auf dem Gestell zwischen den beiden Rädern befand. Vor dem Sattel war ein ebenfalls gepolsterter – welche weise Voraussicht – Bügel zum Aufstützen der Unterarme angebracht. Gelenkt wurde die Draisine bei der ersten Konstruktion mittels des Bügels, und später dann schon mit einer richtigen Lenkstange. Fortbewegt wurde dieses Ding, indem man sich einfach mit den Füßen vom Boden abstieß, so wie unsere Kinder heute noch den Tretroller in Schwung bringen. Zum Schutz der Schuhe wurden an den Schuhspitzen eiserne Schutzkappen aufgeschraubt.

Nun sind und waren viele brave Zeitgenossen ehrenkäsig – das Wort steht nicht im Lexikon, aber das hängt damit zusammen, daß sich manche Mitbürger riesig über einen Orden freuen, und andere über einen Titel so sehr, daß sie ganz viel Geld dafür bezahlen und einen solchen Titel kaufen, wenn's seinerzeit mit der Schule und dem Studium nicht so recht geklappt hat. Immer hat es Menschen gegeben, die ein klein wenig aus Eitelkeit anders sein wollten als ihre Mitmenschen und sich dann durch ausgefallene Mode,

20

verrückte Frisuren oder aber ein neues Gefährt von ihren Mitmenschen unterscheiden wollten. Und so war es wohl auch mit der Laufmaschine des Herrn von Drais. War es so mit der Laufmaschine des Herrn von Drais? Der Aufmerksamkeit der biederen Bürger konnte er jedenfalls sicher sein, wenn er durch die Straßen eilte.

Und er erhielt für seine Erfindung am 12. Januar 1818 ein badisches Erfindungspatent auf zehn Jahre, er erhielt im gleichen Jahr den Titel *Professor für Mechanik,* und ebenfalls im gleichen Jahr erhielten der Franzose Dineur, der Engländer Johnson und der Amerikaner Clarkson in seinem Auftrag für diese Länder die Patente. Das war schon eine Angelegenheit, die all der Mühen wert war, und sich wohl nun auch lukrativ auswirkte.

Sozusagen als Motivation für die Erfindung seiner Maschine schrieb Drais: *»Die Erfindung ist in Absicht auf Ersparung der Kraft fast ganz mit der alten der gewöhnlichen Wagen zu vergleichen. So gut ein Pferd auf der Landstraße im Durchschnitt die auf einen verhältnismäßig wohl gearbeiteten Wagen geladene Last viel leichter samt dem Wagen zieht, als ohne ihn die Ladung auf dem Rücken trägt, so gut schiebt der Mensch sein eigenes Gewicht viel leichter auf einer Maschine fort, als er es selbst trägt.«*

Wie recht hatte Meister Drais. Und nur aus diesem Grunde und in Erkenntnis der Richtigkeit dieses Naturgesetzes wurden dann viel später die Automobile erfunden, bei der die Menschen nicht einmal ihr eigenes Gewicht fortbewegen mußten. Das taten die Motoren. Und je größer der Wohlstand und je dicker der Bauch, um so kräftiger der Motor und größer und teurer der Wagen. Daß es dann irgendwann wieder rückwärts lief und Generaldirektoren und Manager im Kofferraum ihrer *Dicken* ein süßes kleines Klapprad ... Doch soweit sind wir noch lange nicht.

Noch schreiben wir das Jahr 1818. Herr von Drais, eingeschworen auf die *Lauf*maschine, kam überhaupt nicht auf die Idee, eine *Tret*maschine zu erfinden, oder seine erfundene in diese Richtung zu entwickeln. Pedale gab es nicht. Basta! Und er weigerte sich auch eigensinnig, irgendwelche Verbesserungen vorzunehmen. Er fuhr zwar mit seiner Maschine von Karlsruhe bis Kehl in nur vier Stunden, doch ein Vergnügen kann diese Fahrt trotz allem nicht gewesen sein. Die Urenkel der Draisschen Laufmaschine nannte man *Knochenschüttler;* wieviel mehr wird Herr von Drais durchgerüttelt und durchgeschüttelt worden sein. So ging es mit dieser hoffnungsvollen Erfindung und seinem Urheber bergab. Drais starb verarmt und verkommen am 10. Dezember 1851 in Karlsruhe. Mehr als 40 Jahre später wurde ihm dort vom Deutschen Radfahrerbund ein Denkmal gesetzt.

Mehr Erfolg mit der Laufmaschine hatte der Engländer Johnson, der 1818 das Patent von Drais erworben hatte. Schon ein Jahr später brachte er eine extraordinäre spezielle Damen-Laufmaschine heraus und erreichte es, daß seine Laufmaschinen 1820 versuchsweise bei der Landpostbestellung eingesetzt wurden.

22

Doch: das Hobby-horse fand keine Liebhaber. Es geriet in Vergessenheit. Ähnlich war das Laufmaschinen-Schicksal in Amerika.

Die folgenden Jahrzehnte gingen die Menschen wie sie's gewohnt waren, per pedes, auf Schusters Rappen. Klammheimlich aber waren andere Tüftler bemüht, die Laufmaschinen zu verbessern. Schließlich sollte aus diesem Vehikel ein Veloziped werden, aus der Laufmaschine ein Fahrrad. So erfand 1845 Herr Milius aus Sachsen eine Tretkurbel an der Vorderachse. Und dann erfand 1853 Herr Fischer aus Schweinfurt eine Tretkurbel an der Vorderachse. Und dann erfand Herr Michaux in Frankreich eine Tretkurbel an der Vorderachse, und unabhängig von ihm erfand ein anderer Franzose, der Herr Lallement, auch eine ... es war wirklich so, daß diese Verbesserung und auch manche andere gleich mehrmals erfunden wurde. Schließlich gab es die Pariser Übereinkunft zum Patentrecht erst 1883, und das Fernsehen gab es auch noch nicht. So mußte sich die Tretkurbel gefallen lassen, mehrmals erfunden zu werden.

Michaux verbesserte das Rad weiter, baute das Hinterrad kleiner, um Platz für einen federnden Bügel zu bekommen, und er baute eine Bremse ein. Doch auch er konnte dem Fahrrad nicht zum Durchbruch verhelfen und starb ebenfalls im Armenhaus. Madison nahm sich des Fahrrads an, stellte 1867 die Speichen der Räder und später auch den Rahmen aus Eisen her. Und weil die Jugend größere Geschwindigkeiten erreichen wollte, die Tretkurbel aber andererseits fest

Das Hochrad oder Känguruh

mit der Vorderachse verbunden war, mußte das Vorderrad größer werden. Es wurde größer und größer, das »Känguruh« wurde geboren – ein Hochrad mit Zahnrädern und Kettenübertragung – und wer von ganz oben auf die Nase fiel, brauchte, wie's in dem Sprichwort heißt, für den Spott nicht zu sorgen. Und Hochmut kommt nun einmal vor dem Fall.

Dann arbeiteten wieder einmal Franzosen, Engländer und der Stuttgarter Turnlehrer Friedrich Trefz gleichzeitig an der Verbesserung des Velozipeds, so hieß dieses Ding in der Zwischenzeit. Trefz, der in der Stuttgarter Mädchenturnhalle sogar Unterricht im Velozipedfahren gab, handelte sich mit seiner Leidenschaft allerdings gewaltigen Ärger ein: er wurde bei den Bauern als Hexenmeister verschrien. Doch das focht den wackren Schwaben nit, er verbesserte weiter.

Nun wurde das Veloziped allmählich einem Fahrrad schon ähnlich. Die beiden Räder waren etwa gleich groß, der Sattel lag zwischen den beiden Rädern, und die Tretkurbel nicht mehr am Vorderrad, sondern unterhalb des Sattels. Das Hinterrad wurde von der Kurbel über eine Kette, die über ein Zahnrad lief, angetrieben. Diese Übertragung ermöglichte es, eine Übersetzung einzuschalten, und so mit einer Umdrehung der Kurbel mehrere Umdrehungen des Hinterrads zu erreichen: das Ding wurde schneller, der Kraftaufwand geringer. Dieser »Rover« ist der Vater des Fahrrads. Und sein Siegeszug war nicht zu bremsen.

DIE KLEINEN ERFINDUNGEN
ODER
VOM ROVER ZUM MASSENVERKEHRSMITTEL

Der Rover, nein, das Rover war im Vergleich zur Laufmaschine – auf das Auto bezogen – wie ein schnittiges
Sportcoupé verglichen mit einem alten Opel P 4.
Doch auch dieses Sportcoupé hatte ... Eisenräder.
Man hatte sich zwar vorher schon zu helfen gewußt,
hatte beispielsweise Kautschukstreifen auf die eisen-
bereiften Holzräder aufgezogen oder geteerte Schiffs-
taue in die Eisenfelgen der Räder eingelegt. Und so
blieben die Rover letztlich boneshaker, Knochenschüttler. Dann gab es – welch wunderbarer Fort-
schritt – Vollgummireifen. Hart waren die auch. Bis
1888 der schottische Tierarzt – sage einer was gegen
die Schotten – John Dunlop luftgefüllte Reifen erfand.
Luftgefüllte Gummireifen, der verehrliche Leser stelle
sich das vor, waren das Nonplusultra. Höher hinauf,
sprich: weicher ging es eigentlich nicht mehr. Die
wurden dann in vielen Variationen hergestellt.

Natürlich gab es auch hier Anfangsschwierigkeiten
– daß vor Dunlop, wie an anderen Beispielen bereits
mehrfach gezeigt, auch auf diesem Gebiet der indu-
striellen Entdeckung andere bereits ebenso klug gewesen waren, wollen wir hier endgültig vergessen –, die
beseitigt werden mußten. Der Fahrradreifen von Herrn
Dunlop bestand aus einem Hanfschlauch mit ein-
gezogenem Gummischlauch, und dieser Reifen wurde

26

mit einer Bandage an die Felge gefesselt. Anders kann man es nicht sagen. Und die war zusätzlich noch mit Gummilösung festgeklebt. Ja, die Gummilösung, die gab's damals schon. Und wenn nun ein Radfahrer eine Panne hatte ... er mußte in der Tat fast eine Werkstatt mitführen, um den Schaden beheben zu können, dann war der Tagesausflug mit Fräulein Amanda im Eimer. Denn nach der Reparatur mit Leimtopf und Fettstein, Gummilösung und einer ganzen Reihe von Hilfsmitteln ... war's Abend, und das ehrbare Fräulein wurde längst zu Hause erwartet.

Dann gab es die Wurstreifen, es gab die Reifen von Charles Kemp Welch, der bereits einen Unterschied zwischen Schlauch und Mantel machte und einen Drahtring eingezogen hatte, und es gab irgendwann einen Ballonreifen. Weich war Mode und weich war schön und bequem. Denn Asphaltstraßen von der Qualität unserer heutigen Landstraßen, die gab es damals immer noch nicht.

Neben den Reifen hatten Konstrukteure – hört sich doch gut an: Konstrukteure – auch dem Rahmen ihre Aufmerksamkeit gewidmet. Der Rahmen ist das, was beim Fahrrad alles zusammenhält. Das Wort sagt's. Wir erinnern uns, daß der Rahmen bei Herrn von Drais ein Holzgestell war. Eigentlich war es nur ein Balken, der vorne und hinten eine Gabel für die Räder hatte. So ließ sich die Konstruktion nicht fortführen. Sie wurde auch sehr schnell geändert. Lawson baute 1879 einen Kreuzrahmen, dann kam kurz ein Kreisrahmen auf den Markt, bis sich seit etwa 1885 der

27

im wesentlichen auch heute noch gebräuchliche Rautenrahmen durchsetzte. Dann gab es noch den Rahmen für Damenfahrräder, der jedoch mit der Einführung des Klapprads eigentlich überholt ist.

Relativ früh, bereits im Jahre 1869, verwendete der Franzose Suriray als erster Kugellager für die Radachsen und die Tretkurbel. Es läßt sich nicht verschweigen, das Radfahren wird immer schöner, immer leichter.

Herr Fichtel, nein, Herr Sachs ... jedenfalls die Firma Fichtel & Sachs baute zur Freude aller Radfahrer schließlich noch eine Freilaufnabe, die das Treten zwar nicht überflüssig machte, das überflüssige Treten aber überflüssig machte. Die Verbindung der Tretkurbel mit der Hinterradnabe durch die Kette machte es bisher erforderlich, daß ständig getreten werden mußte, auch wenn's bergab ging. Oder wenn ein steifer Rückenwind blies. Dann kam, wie gesagt, die Freilaufnabe. Zwar mußte man anfangs noch absteigen und entweder auf starren Zahnkranz oder auf Freilauf schalten, aufsteigen und weiterfahren. Das wurde sehr bald abgeschafft, es wurde die Torpedo-Freilaufnabe erfunden, die dann später auch noch die Rücktrittbremse erhielt und schließlich auch noch die Gangschaltung für verschiedene Geschwindigkeiten.

Was sich im Laufe der letzten Jahrzehnte oder überhaupt der letzten Jahre auf dem Sektor der kleinen Erfindungen getan hat ... man kann kaum noch von kleinen Erfindungen reden. Verstehen werden es ohnehin nur technisch Versierte, denn was heute an den Fahr-

28

rädern mit Planetenrädern gearbeitet wird, mit Fliehkraft und stufenloser Gangschaltung ... das sind schon
kleine Wunderwerke.

Nun, wir haben das Fahrrad unserer Zeit. Es ist da.
Was aber ist das Fahrrad? Ein Nahverkehrsmittel oder
ein Sportgerät, ein militärischen Zwecken dienendes
Fahrzeug, ein Kinderspielzeug? Wir werden noch da-
hinterkommen. Was aber zuerst interessiert:

Das Velociped um 1885

29

WIE FUNKTIONIERT EIN FAHRRAD?

Ein Fahrrad funktioniert überhaupt nicht! Ein Fahrrad funktioniert doch. Funktion ist Tätigkeit, ist Wirken, und ein Fahrrad übt keine Tätigkeit aus und wirkt nicht. Ein Fahrrad funktioniert nicht. Und es tut es doch! Rixari de lana caprina. Streit um des Kaisers Bart.

Die Definition des Fahrrads, laut Nachschlagewerk: Bei dem Fahrrad sind zwei meist gleichgroße Räder hintereinander in einem Rahmen so angeordnet, daß sie bei Geradeausfahrt eine Spur ziehen. Der vordere Teil des Rahmens, die Gabel, ist im Steuerkopf unter einem Winkel drehbar gelagert; der Radaufstandspunkt hat mit dem Durchstoßpunkt der theoretischen Drehachse den Nachlauf. Eine mit der Gabel fest verbundene Lenkstange ermöglicht dem Fahrer Fahrtrichtungsänderung und Stabilisierung der Fahrt bei niedriger Geschwindigkeit.

Wer hat nun recht?

Es geht noch weiter: Etwa oberhalb der Schrittgeschwindigkeit beginnt jedoch das Fahrzeug sich selbst zu stabilisieren: Kippt zum Beispiel das Fahrzeug auf die rechte Seite, dann schlägt das Vorderrad infolge der Kreiselkräfte ebenfalls nach rechts ein, und die Rechtskurve beginnt. Die hierbei auftretenden Fliehkräfte richten das ganze Fahrzeug wieder auf und kippen es meist auf die andere Seite über, wodurch ein entsprechender spiegelbildlicher Bewegungs-

30

ablauf hervorgerufen wird. Bei einem richtig abgestimmten Fahrrad werden sich die Ausschläge der pendelnden Bewegung ständig verkleinern, das Fahrzeug ist stabil. Bei Geschwindigkeiten ab etwa 40 km/h geht das Fahrzeug meist ohne Überschwingen in die Null-Lage zurück; die Bewegung ist stark gedämpft. Jedoch tritt eine Instabilität des Ablaufs auf: das Fahrzeug neigt sich langsam zur Seite. Diese sehr langsame Bewegung wird vom Fahrer fast unbewußt durch leichte Körperverschiebungen ausgeglichen. Wie theoretische Untersuchungen und Versuche gezeigt haben, sind für die beschriebenen Vorgänge in erster Linie die Trägheitsmomente des Vorderradsystems verantwortlich, wobei zusätzlich als Feinregulierung der Steuerwinkel, der Nachlauf und die Schwerpunktlage einwirken. An den Naben der beiden Räder, die auch gegenüber dem Rahmen abgefedert sein können, sind die Speichen wegen der aufzunehmenden Drehkräfte tangential angeordnet und wegen der Seitenkräfte schräg zur Radebene angestellt. Beim Anziehen der Speichennippel ist auf exakte Rundheit der Felgen zu achten.

Und wie funktioniert ein Fahrrad?

Als ich das Radfahren erlernte, wußte ich nichts von Fliehkräften und Gewicht, Reibungswiderstand und Bodendruck und Kreiselwirkung. Ich stieg rechts auf und lag links auf der Nase. Ich stieg links auf und lag rechts. Das mußte wohl mit der Anziehungskraft der Erde und Instabilität zu tun gehabt haben.

31

Dann hielt Horst mich am Gepäckträger fest. Horst ging schon in die Schule und war stark. Er hatte vielleicht mehr Angst um sein Rad als um mich. Also, reines Mitleid war es, glaube ich, nicht. So klappte es viel besser. Ich schwang zwar wie ein Betrunkener rechts und links herum, hielt das Rad, es legte sich richtete sich wieder auf, legte sich wieder und ... dann lag ich auch. Bei mir funktionierte die Fliehkraft einfach nicht.

Ich ärgerte mich viel mehr als jemals später beim Mensch-ärgere-dich-nicht, weil ich diesen blöden Drahtesel einfach nicht in der Balance halten konnte. Horst schrie mir zu, ich – er titulierte mich mit gar nicht schönen Ausdrücken; er war immerhin ein paar Jahre älter als ich – ich solle das Treten nicht vergessen. Und daran muß es wohl gelegen haben. Ich trat und fuhr, in gewaltigen Schleifen und Kurven, aber dann wurde es doch immer gerader und besser. Ich schwankte nicht mehr so sehr. Ich fuhr richtig, ganz richtig. Und wenn ich mehr trat, dann fuhr das Rad schneller. Dann wollte ich wenden, doch das hatte ich noch nicht gelernt. Nun ging es bergab. Hui, das war schon prima, nur mir ein wenig zu schnell. Horst – das, als was er mich tituliert hatte, war er selber – hatte mir das Bremsen nicht beigebracht. Ich wußte überhaupt nicht, wie man so ein Fahrrad wieder anhalten konnte.

Mir wurde angst und bange. Es ging immer schneller bergab. Gott sei Dank gab es damals noch wenige Autos, viel weniger als heute. Der Wind pfiff mir um

32

die Ohren. Horst hielt sein Rad gut im Schuß; er ölte es immer gut und oft. Ich merkte das. Es lief prima.

Wie die rasende Fahrt schließlich abgebremst wurde, wird mir ewig ein Rätsel bleiben. Ich meine mich zu erinnern, daß ich versuchte, mit den Füßen auf den Boden zu kommen ... das hätte ich wohl nicht tun sollen. Der Arzt flickte mich später wieder zusammen und Horst hat von meinem Vater ein neues Rad bekommen.

Und da beginnt meine Beziehung zum Rad: Ich bekam nämlich das alte, das kaputte, die Reste des Fahrrads. Sie waren ... naja, einiges ließ sich noch verwerten. Und da ich wohl als Kind schon klare Vorstellungen hatte und auch gewisse Energie, oder einen festen Willen, (oder einen Dickkopf) wollte ich die Reste verwerten und ich wollte radfahren lernen.

Ich hab's gelernt.

33

VOM RADELN, RADFAHREN, TRIMMEN UND RENNEN

Da behauptet der, das sei kein Unterschied. Nur, weil man zu allem ein Fahrrad brauche, gebe es bei diesen zwar verschieden bezeichneten Verrichtungen oder meinetwegen auch Sportarten, jedenfalls bei diesen Tätigkeiten keinen Unterschied, weil man eben immer trampeln müsse, oder treten.

Das ist genau so, als ob der behaupten würde, es gäbe keinen Unterschied zwischen Spazierengehen, Wandern, Bergwandern, Bergsteigen, Laufen und was weiß ich noch alles. Nur, weil man dazu Schuhe trägt. Genau, das ist dumm und naiv. Und zwischen Radeln, Radfahren, Trimmen und Rennen gibt es einen gewaltigen Unterschied. (Das kann überhaupt nur ein Nicht-Radfahrer sagen.)

Übrigens, Nicht-Radfahrer sind selten. In der Bundesrepublik jedenfalls. Fast jeder zweite besitzt ein Fahrrad oder kann radfahren: vierzig Prozent der Bevölkerung. Da sind dann auch Kranke, Uralte und Säuglinge enthalten. Ergo ist das Ergebnis pro Rad noch viel besser.

Daß es so viele Radfahrer gibt, und daß die Zahl in den letzten Jahren ständig gestiegen ist, und daß sogar dicke Reiche wieder zum Drahtesel zurückkehren, das hat seinen Grund. Wir sind eine Leistungsgesellschaft, und bei einem großen – dem überwiegenden? – Teil der Bevölkerung wirken sich die zu erbringende Lei-

34

stung und der Streß so nachteilig aus, daß ... wir kennen die Statistiken von Herzinfarkten und Kreislauferkrankungen. Wer körperlich arbeiten muß, der macht meist immer die gleichen Handgriffe, die gleichen Schaltungen, unterliegt der gleichen einseitigen Belastung. Und wer in Büro und Verwaltung arbeitet, der wird anders gefordert.

Wir brauchen einen Ausgleich zu unserer Berufsarbeit, die meist ein harter Job ist. und da bietet sich das Fahrrad als eines der gesündesten Sportgeräte geradezu an. Gesunde Sportgeräte gibt es natürlich nicht. Was gesund ist, ist die Sportart. Nun, nicht allein Radfahren ist gesund, der Wintersport ist es, das Schwimmen, Ballspiele und Geräteturnen und vieles andere. Fast jeder Sport ist gesund. Doch: entweder braucht man Schnee oder eine Schwimmhalle oder ein Freibad, einen Fußballplatz oder eine Turnhalle. Radeln läßt sich überall. Nun gut, man sollte die Worte nicht auf die Goldwaage legen: nicht auf der Autobahn.

Und mit Radeln fängt's vielleicht überhaupt wieder an. Man radelt sich vergnüglich gesund ... sofern man angeknackst und infarktverdächtig ist. Wenn nicht, um so besser, dann hält man sich mit Radeln gesund, Radeln, das ist Beschäftigung. Vielleicht ein klein wenig mehr. Aber radeln ist eine ruhige Sache. Zum Radeln gehört eigentlich schöne Sonne, dazu gehören Wiesen und Felder ... nein, ich mache nicht in Nostalgie. Das gibt es nämlich noch, und meist gar nicht einmal so weit vor den Toren der Stadt. Also,

35

Wiesen und Felder, Feldwege, Besinnlichkeit, die Schwalben über den Wiesen und die Lerchen ganz oben in dem glitzernden Blau.

Tja, so entdeckt man, wie schön radeln ist, wie schön das Leben sein kann, selbst wenn man strampeln muß. Daß sogar das Strampeln schön ist, entdeckt man. (Übrigens entdeckt man noch viel mehr: wie Heu riecht, denn das hatte man vergessen. Wie schön lichter Buchenwald ist, wenn man nicht mit 100 PS vorbeirauscht. Dann sieht man das nicht. Daß in unseren Wäldern sogar Tiere leben, richtige lebendige Tiere, wie im Zoo, nur freier, schöner ... man entdeckt, daß das Leben ohne große Kosten viel Schönes bietet und eben verdammt schön sein kann.) Solche Entdeckungsreisen sind billig. Und: das Alter spielt bei den Safaris überhaupt keine Rolle.

Möglicherweise kommt man übers Radeln zum Radfahren. Das ist dann schon mehr. Radfahren ist genauso schön, und man entdeckt genauso viel. Vielleicht mehr. Nur, radfahren ist nicht so besinnlich, meine ich. Beim Radfahren nimmt man sich eine Strecke vor – Anleitungen liefert Ihnen der Verlag für alle bundesdeutschen Radwandergebiete – und die wird dann gemacht. Das geht schon in Richtung Sport. Auf jeden Fall ist radfahren sportlicher als radeln.

Der Vorteil des Radfahrens: man ist abends rechtschaffen müde. Der Schlaf nach einer solchen Tour ist herrlich und erquickend, man fühlt sich wie ein junger Gott, und eigentlich war's gestern pfundig (das heißt: ganz prima!). Ich räume ein, daß nach einer

36

Radtour der Schlaf nicht immer erquickend sein muß; wenn man sich am Anfang zuviel vornimmt, dann halten Waden und ... ja, auch der Popo ungeachtet der Quantität und das Kreuz, der Rücken, die halten einen dann schon eine Weile vom Schlafen ab. Natürlich, weil alles weh tut. Eben, man sollte mit dem Radeln anfangen und nicht gleich mit Radfahren.

Und dann gibt es natürlich die Helden, richtige und imitierte. Die gehen überhaupt nicht auf Radtour ... apropos Radtour, darauf komme ich noch zurück. Die gehen also nicht auf Radtour, die trimmen sich. Die kaufen ein Rad, vielleicht sogar ein maßgeschneidertes mit ganz vielen Gängen und allen Schikanen ... nur trampeln müssen sie halt selbst. Sonst könnten sie gleich in ihrem 450er Sportcoupé umherflitzen. Und die rasen also los. Die trimmen sich. Nach dem Motto von Cassius Clay oder dem Herrn Ali, wie er jetzt heißt. Der ist auch der Größte. Natürlich ist er einer der größten, oder vielleicht sogar der Größte. Doch der würde nicht untrainiert in den Ring klettern. Was glauben Sie, wie seine Nase nachher aussehen würde. Und seine Waden spürte der auch.

Gott sei Dank sind Trimm-Helden ganz selten. Die meisten bleiben hübsch auf dem Boden der Wirklichkeit und wissen, daß auch Rudi Altig und Täve Schur und Rolf Wolfshohl und wie sie alle heißen klein-klein angefangen haben. Vielleicht sogar mit einem Dreirad.

Wenn einem das Radeln, das Radfahren, einfach dieser Radsport gefällt, wenn man Freude daran hat, dann wird man sicher auch ein guter Radsportler, auf der Bahn oder in der Halle, beim Sprinten oder als Kunstfahrer. Der Möglichkeiten gibt's viele. Nur: auch hier haben die Götter vor den Erfolg den Schweiß gesetzt. Immer wieder.

Der Schweiß, den man sich abstrampelt, die körperliche Betätigung, der gesunde und natürliche Ausgleich zu unserem Büro-Hocken, zur Fließbandarbeit ... einfach zur üblichen Tagesarbeit, das wird als Plus noch mitgeliefert. Zu dem Schönen. Man kann das Angenehme mit dem Nützlichen verbinden.

Und wenn man schließlich und endlich noch weiß, daß Sportärzte das Radfahren als eine der gesündesten Sportarten empfehlen, dann versteht man auch den Erfolg der Werbung fürs Radfahren in den Vereinigten Staaten von Amerika. Da haben Ärzte das Radfahren propagiert mit ganz cleveren Parolen. Beispielsweise:

Sie können mehr leisten.

Sie können besser denken (weil das Gehirn besser durchblutet ist).

Sie leben mindestens fünf Jahre länger.

Sie schlafen besser.

Sie werden widerstandsfähiger.

Sie verzögern die Arterienverkalkung.

Sie vertreiben Fettablagerung im Blutkreislauf.

Und die Amerikaner fahren Rad, mit immer größerer Begeisterung. Ob sie nun weniger Pillen und Tabletten schlucken ... das wissen die Statistiker. Auf jeden Fall haben sich die Amerikaner überzeugen lassen. Nun, wir wußten's ja ohnehin.

Nicht vergessen sollte man das Radwandern, die Touren. Sicher ist Radfahren auf den Straßen der Städte und auch auf Landstraßen meist kein reines Vergnügen und außerdem gefährlich. Doch in vielen Teilen der Bundesrepublik gibt es wenig befahrene Landstraßen, lassen sich mit Hilfe von Landkarten und Tourenbeschreibungen gute Mehrtagesfahrten ausarbeiten. Übernachten in Jugendherbergen oder einfachen Dorfgasthöfen: auch das kann reizvoll sein. Solche Fahrten erschließen uns eine neue, fremde Welt. Wir lernen andere Menschen kennen, andere Städte und Landschaften, und eine Tour, mit dem Rucksack auf dem Gepäckträger hat durchaus ihre Reize.

STEIG AUS UND RADLE

Seit einigen Jahren bietet die Bundesbahn einen besonderen Kundendienst an: Leihfahrräder. An rund 270 Bahnhöfen im gesamten Bundesgebiet – schwerpunktmäßig jedoch in den Erholungsgebieten – können Bahnkunden rund 2000 Fahrräder ausleihen. Man muß nicht einmal im Besitz einer Rückfahrkarte sein. Auch Autoreisende können an den auf einem Faltblatt angegebenen Bahnhöfen ein Fahrrad leihen und eine Radtour machen. Der Preis: für Inhaber einer Rückfahrkarte drei Mark, für Autoreisende das Doppelte pro Tag. Im Preis einbegriffen ist die Versicherung.

Ob man nun Rund-Radwanderungen macht oder den nächsten Fahrrad-Bahnhof ansteuert – es gibt ein Verzeichnis bei der DB, und es gibt auch Tourenkarten –, das bleibt dem Einfallsreichtum jedes einzelnen überlassen. Man muß die Räder nicht zum gleichen Bahnhof zurückbringen. Alle in einem bei der Bundesbahn erhältlichen Faltblatt aufgeführten Bahnhöfe nehmen die entliehenen Fahrräder zurück. Bei dem Service der Bundesbahn versteht sich eigentlich von selbst, daß alle zur Verfügung stehenden Räder – Herren-, Damen-, Kinder- oder Klappräder – tipptopp gepflegt und in Ordnung sind.

Die Bundesbahn hat die Bundesrepublik in Radfahrleihgebiete aufgeteilt:

Holsteinische Schweiz, Lauenburgische Seenplatte, Göhrde, Wingst –

40

Münsterland, Emsland, Oldenburger Land,
Wiehengebirge –
Lüneburger Heide, Teufelsmoor-Wümmetal,
Vorharz, Werraland, Kurhessen-Waldeck –
Niederrhein, Sauerland, Bergisches Land, Eifel –
Rhein-Main, Taunus, Kinzigtal, Fuldatal –
Mosel, Hunsrück, Pfälzer Wald, Rheinhessen -
Odenwald, Bergstraße, Neckarland, Kraichgau –
Schwäbischer Wald, Hohenlohe, Altmühltal –
Franken, Ostbayern –
Schwarzwald, Oberrhein –
Oberschwaben, Schwäbische Alb, Bodensee,
Allgäu –
Oberbayern –
In den letzten Jahren haben rund 50 000 Rad-
Enthusiasten, die kein eigenes Rad besitzen oder
lieber eins leihen, von dem Angebot der Bundesbahn
Gebrauch gemacht.

Fahrad am Bahnhof

41

WELCHES RAD KAUFEN?

Im vorigen Jahrhundert, am 29. Juni 1884, wurde der *Bund deutscher Radfahrer e. V.* gegründet. Der Verband aus vielen Veloziped- und Bicycle-Clubs entstanden, hatte bei der Gründung bereits 5000 Mitglieder. In den zwanziger Jahren waren es über 100 000, die dem größten deutschen Radfahrverband angehörten. Heute ist der Verband aus dem deutschen Sportleben nicht wegzudenken, doch auch viele … ja, wie soll man sie bezeichnen? – Nichtsport-Mitglieder, oder einfache Mitglieder, schätzen die Vorzüge der Mitgliedschaft.

Neben dem Leistungssport wird nämlich auch der Wandersport gepflegt und gefördert. Der Bund deutscher Radfahrer e. V. vertritt seine Mitglieder bei den Behörden und – das ist der Clou – er bietet seinen Mitgliedern günstige Unfall- und Haftpflichtversicherungen an.

Der Verband berät mit Sicherheit auch, welches Rad für welchen Zweck am geeignetsten ist. Denn es ist ein Unterschied, ob man sonntags mit dickem Schlitten und Drahtesel im Kofferraum vor die Tore der Stadt fährt und dann ein wenig *in* ist, ob man mit dem Rad zur Arbeit fährt, ob man Rennen fahren will oder mit Frau und Kindern Familienausflüge macht. Tourenrad oder Mehrzweckrad, Klapprad oder Sportrad oder Rennrad, die Entscheidung sollte vor dem Kauf getroffen werden. Nachdem man sich Klarheit darüber verschafft hat, was man *anstellen* will.

42

Stabil und stark belastbar sind heute eigentlich alle Fahrräder. Die lange Garantiezeit, die von fast allen Firmen auf den meist Ganzstahlrahmen gewährt wird, spricht für die Qualitätsarbeit. Man glaubt kaum, welche beachtlichen Geschwindigkeiten Räder und Kugellager aushalten, mit welchen Gewichten die spinnig aussehenden (oder sollte ich schlank sagen?) Räder aushalten. Einen Wohlstandsbürger schaffen sie allemal mit weniger und mehr Bauch und oft noch mit Gepäck.

Apropos Belastbarkeit: Es war in den letzten Kriegswochen, im Bergischen Land. Wir hatten wegen 62,5 Gramm Butterschmalz eine 20-Kilometer-Radtour gemacht, eine Zwangstour allerdings, denn mit Besinnlichkeit und Naturschönheiten hatten diese und ähnliche Touren nichts zu tun: In dem an unseren Heimatkreis angrenzenden Landkreis gab es auf einen Lebensmittelkarten-Abschnitt, der bei uns verfiel, 62,5 Gramm Butterschmalz.

Die Straße führte steil zum Tal der Wupper hinab. Wir, mein Freund und ich, gaben unseren Eseln die Sporen und rasten die steile Gefällstrecke in weitem, offenem Feld bergab. Und wir vergaßen den Krieg. Wir wurden an ihn erinnert, als wir - durch den sausenden Fahrtwind überhört - plötzlich Jabos, Jagdbomber über uns sahen und hörten, wie gleichzeitig die Einschläge aus Schnellfeuerkanonen um uns herumspritzten.

In panischer Angst, verfolgt von dem Knattern der Bordkanonen, rissen wir unsere Fahrräder von der asphaltierten offenen Straße weg und suchten unser

43

Heil in der Flucht in den Wald. Über ausgewaschene Feldwege mit Schlaglöchern rasten wir dem rettenden Wald entgegen, Hakenschlagend wie aufgescheuchte Kaninchen, die gleiche Angst im Nacken. Wir wurden durchgerüttelt und durchgeschüttelt, hatten die Tasche mit dem Butterschmalz längst vom Gepäckträger verloren und wollten nur unser Leben retten.

Wir haben den schützenden Wald rechtzeitig erreicht. Wir haben unseren alten Klapperkisten viel zugemutet ... und sie haben uns nicht enttäuscht. Was die Räder bei dieser Fahrt ausgehalten haben, war beachtlich. Ich meine, sie haben uns das Leben gerettet.

Bei Besuchen in meiner alten Heimat mache ich diese Radtour in jedem Jahr einmal wieder. Ich jage wieder den Berg herunter, in rasender Fahrt, mich an die damalige Höllenfahrt erinnernd. Ohne Angst heute, und den Geschwindigkeitsrausch genießend.

PROMINENZ IM SATTEL

Nun, die Zeit ist längst vorbei, und eigentlich ist das Radfahren eine so fröhliche und vergnügliche Angelegenheit, daß man nicht dem Schnee vom vergangenen Jahr nachtrauern sollte. Tja, nach 1945 gab es dann von der Besatzungsmacht sogar Fahrrad-Ausweise, den Bicycle-Permit. Verrückte Zeiten waren das.

Und noch eins: Radfahren kennt keinen Rangunterschied, überwindet Klassenschranken und Gegensätze. Die Chinesen radeln in Massen, und die Holländer und die Dänen. Kapitalisten, Kommunisten und Sozialisten, reiche Snobs, Könige und Arbeitslose. Natürlich, der eine oder andere wird mehr Geld für sein Rad ausgeben, wird vielleicht sogar eine goldene Klingel haben oder einen Rückstrahler aus Silber, Brillanten statt Rückstrahlern oder einen bequemen Sessel anstatt des härteren Sattels. Das gibt's! Man kann das alles bestellen, wenn man's bezahlen kann. Monsieur Herse in Paris liefert nach Wunsch.

Wir aber wollen uns nicht mit diesen Extravaganzen aufhalten. Es gibt, um das nochmals zu sagen, keine Rangunterschiede bei den Rad-Enthusiasten. Sie alle frönen dem gleichen Hobby – o ja, das kann schon zum Hobby werden – und Preis, Ausstattung und Exterieur spielen nur eine untergeordnete Rolle.

Mein Onkel Otto, der zählte auch zu den Prominenten. Er hat mir die Story höchstpersönlich erzählt,

und ich glaube sie ihm, die Story. Ich weiß, er hat mich nicht angeschwindelt, auch wenn seine Erzählung seit Jahren als Witz kursiert. Doch als mein Onkel Otto sie mir – ohne Lauscher und Kiebitze – erzählt hat, da gab's diesen Witz überhaupt noch nicht. Der Witz ... die Erzählung geht so:

Mein Onkel Otto schiebt sein Fahrrad mit einem mächtigen Sack auf dem Gepäckträger langsam auf die Grenze zu. Das übliche: Paßkontrolle und so, und dann die Frage: Was haben Sie in dem Sack? Karnickelfutter, sagt mein Onkel Otto. Bitte öffnen Sie den Sack. Mein Onkel Otto öffnet den Sack. Er enthält Gras, schönes fettes Gras, Löwenzahn und alles so Grünzeug, das Kaninchen gerne mögen, gerne fressen.

Die Zöllner sind natürlich mißtrauisch. Zöllner sind immer mißtrauisch. Sie untersuchten – es kamen noch andere hinzu und mein Onkel Otto mußte rechts ranfahren –, sie untersuchten das Grünzeug fast mit der Lupe. Aber sie fanden nichts. Es war und blieb lupenreines Karnickelfutter.

Am nächsten Tag wiederholte sich die Szene, die Frage nach dem Paß, die Frage nach dem Inhalt des Sacks auf dem Gepäckträger, die Untersuchung des Inhalts, die enttäuschte Aufforderung: Sie können weiterfahren.

Das ging viele Tage so, Wochen, glaube ich. Die Zöllner wurden immer mißtrauischer, die Aufforderung weiterzufahren immer saurer, und dann ... gab es plötzlich tagelang keine Kontrolle. Haha, dachten die Zöllner, wir werden ihn jetzt eine Zeitlang nicht

47

kontrollieren. Wir wiegen ihn in Sicherheit. Urplötzlich schlagen wir zu, völlig überraschend.

Das taten sie auch. An einem strahlend schönen Sommertag schlug der Zoll zu. Sieben Zöllner fielen über Onkel Otto und das Rad her. Sie untersuchten nicht nur den Inhalt des Sacks, der selbstverständlich wieder Karnickelfutter enthielt; sie untersuchten den Rahmen und die Lager, sie entfernten Schläuche und Decken, sie stellten die Werkzeugtasche oder Satteltasche auf den Kopf und sie siebten das Karnickelfutter förmlich. Nichts!

Die Resignation der Leute, die nur ihre Pflicht taten, muß grenzenlos gewesen sein.

Am nächsten Tag näherte sich mein Onkel Otto wieder dem Zoll. Keine Paßkontrolle. Keine Zollkontrolle. Keine Fragen, vorläufig nicht. Der diensthabende Zöllner – es war ein ganz hoher – ging gemütlich mit meinem Onkel Otto ein Stück des Wegs, unterhielt sich mit ihm über Wetter, Wiener und Blaue Riesen und fragte schließlich ganz leise: Was schmuggeln Sie eigentlich? Sie werden nicht bestraft und wir erstatten keine Anzeige. Daß Sie schmuggeln, ist klar. Ich möchte nur wissen: was? – Fahrräder sagte mein Onkel Otto.

Sich so etwas auszudenken, das ist schon klug, und aus diesem Grunde zähle ich meinen Onkel Otto zu der Prominenz im Sattel. Zugestanden, er kann sich mit der königlichen Familie in Holland oder der in Dänemark natürlich nicht messen. Die fahren auch Rad, aber sie sind unbestritten prominentere Prominenz.

48

Doch wenn man an andere denkt, an Emile Zola beispielsweise oder Alfred Polgar, den unvergessenen Karl Valentin, an Rudolf Schock oder Helmut Zacharias oder ... die Liste kann man nicht publizieren. Das Buch gliche einem Telefonbuch, was den Umfang betrifft.

Ich wollte damit sagen, daß viele prominente Leute radfahren, nicht nur der Herr König und die Frau König und mein Onkel Otto, beispielsweise.

Der derzeitige Außenminister Hans-Dietrich Genscher gehört zur radelnden Polit-Prominenz. Und nicht nur er, auch seine Familie radelt, wenn sie auch nur als Anhang zur Polit-Prominenz zählt. Aber der Herr Genscher ist ein begeisterter Radler. Und: das zeichnet ihn besonders aus: er hat einen Orden bekommen, weil er nicht mit dem goldenen Lenker radelt, nicht nach oben buckelt und nach unten tritt. Und solche Orden sind selten. Darüber hat er sich sicher gefreut, weil sie viel seltener und schöner sind als all das andere Blech.

Wirtschaftsminister Friderichs ist auch ein begeisterter Radfahrer – er fährt mit dem Rad und seiner Familie zum Einkaufen, oder umgekehrt – wie der Parlamentarische Staatssekretär Grüner, der manchmal sogar mit dem Rad zur Arbeit fährt. Prominentester Radfahrer ist zweifellos Bundespräsident Walter Scheel, mit dem ich etwas gemein habe: wir sind beide Solinger und beide Sänger ... wenn ich auch nicht mit dem goldenen Wagen renommieren kann, und auch nur zwei Räder im Keller habe. Bundespräsident Scheel hat deren – nach nichtamtlichen Aussagen – sieben.

Nun, die Familienräder zählen da mit. Sooo reich ist auch ein Bundespräsident nicht, daß er für sich und seinen Gebrauch sieben Fahrräder kaufen kann.

Haha, ich hätte nur sehen mögen, was die Abteilungsleiter für Gesichter gemacht haben, als sie einen leibhaftigen Staatssekretär beim Bundeshaus oder beim Wirtschaftsministerium mit dem Fahrrad vorfahren sahen. Der hätte schon das Geld fürs Benzin und auch, sich ein anderes Auto als so einen kleinen Füpper zu kaufen. Nein, der kommt per Rad. (Ob die anderen dann auch umgestiegen sind?)

Und da zeigt sich wieder das Völkerverbindende beim Radfahren: die Freude am Rad geht quer durch alle Parteien und alle Fraktionen. Es muß jedoch ausdrücklich gesagt werden, daß es sich bei der Behauptung, Mitglieder der CDU müßten schwarze und Mitglieder der SPD rote oder rosarote Räder fahren und nur FDP-Parteimitglieder würden auf Farben nicht festgenagelt, daß es sich hierbei um Gerüchte handelt. Das stimmt einfach nicht. Es gibt CDU-Politiker, die rote Fahrräder fahren, und es gibt ganz progressive SPD-Mitglieder, die ein schlichtes, tiefdunkles Schwarz bevorzugen.

Doch es gibt noch viel mehr Polit-Prominenz, die Radfahrer-Fans (oder Fahrrad-Fans?) sind: Kai-Uwe von Hassel beispielsweise und Helmut Kohl. Kohl ist begeisterter Radfahrer. Doch auch der frühere Bundeskanzler und jetzige SPD-Vorsitzende Brandt greift gerne zum Rad, wie der frühere Entwicklungshilfe-Minister Eppler, wie die Bundestags-Vizepräsidentin

50

Liselotte Funcke, und wie viele jüngere Abgeordnete aller Parteien.

Natürlich gibt es auch andere Prominenz, radelnde Prominenz: die Schauspielerin Senta Berger und den Bürgermeister von New York, John Lindsay, Brigitte Bardot und Udo Jürgens und Rudi Carell. Der kommt allerdings manchmal auch mit einem ganz kleinen Dreirad auf die Bühne. Damit wird er wohl kaum Langstrecken-Rennen fahren können.

Apropos Dreirad. Natürlich gibt es für unsere ganz Kleinen das Dreirad. Soll man das zu den Fahrrädern zählen? Ein Rad, das fährt, ist es schließlich. Und es gibt das Tandem, das ist zwar auch nur ein Zweirad, aber für *mehr* Personen. Es hat Tandems gegeben, auf denen konnten sieben Menschen radeln. Das muß ein Rahmen gewesen sein ... Tja, in der Geschichte des Fahrrads und des Radfahrens, da gibt es schon einige Besonderheiten und Absonderlichkeiten.

Zur Prominenz zählen muß man auch den keinesfalls leichtgewichtigen Lordkanzler Ihrer britischen Majestät, Lord Hailsham, Richard Burton und Peter Alexander, Hans-Joachim Kulenkampff und Wim Thoelke und die Literaten Kurt Tucholsky und Henry Miller, Werner Bergengruen und José Ortega y Gasset.

Viele Musiker fahren gerne Rad. Max Greger beispielsweise, der fährt. Und viele andere auch. Da gibt's sogar eine ganze Kapelle, die mit'm Radl da ist und das Lied und das Radl so berühmt gemacht hat ... so bekannt möchte manch einer gerne sein. Mein Rezept

51

hierzu: So singen und spielen wie die und mit'm Radl kimma!

Wer von der Prominenz vergessen wurde, möge mir verzeihen. Ich kann halt nicht alle bringen, und vielleicht steht's im »Who 's who«.

QUOUSQUE TANDEM?

Also, das Tandem, das hatten wir schon. Und das ist überhaupt so selten, daß man es schon fast nicht mehr zum Fahrrad rechnen kann. Aber *das* Tandem meinen wir auch überhaupt nicht. (Schrecklich, spricht nicht mal lateinisch!)

Das da oben, die Überschrift, das heißt eigentlich *»wie lange noch?«* und müßte weiter gehen *»Catilina, willst du unsere Geduld mißbrauchen.«* Okay, Sie wissen das mit Cicero. Gut. Ich wollte nur für das kleine Büchlein einen Abschluß haben, und meinte, das passe möglicherweise.

Vielleicht habe ich *Ihre* Geduld jetzt mißbraucht, zu lange. Vielleicht hat's Ihnen auch ein wenig gefallen. Ein ganz klein wenig Wehmut ... nein, es schickt sich nicht. Eigentlich wollte ich jetzt sagen, ein klein wenig Wehmut sollte ich in den Wein gießen. Das ist Unsinn, da gehört Wermut rein. Aber auch das will ich überhaupt nicht. Ich wollte nämlich fragen, wie lange noch können wir uns des Radfahrens erfreuen?

Aber eigentlich geht's ja seit einiger Zeit erst richtig los. Zugestanden, auf den Landstraßen, den viel befahrenen, ist das Radeln kein Vergnügen. Überhaupt keins. Aber es gibt so viele Radfahrwege, daß man sich wohl noch recht lange wird freuen können, auf die Samstags- oder Sonntags-Tour.

Da kommt noch was ganz neues: Kiel ist der Ausgangspunkt für ein- und zweiwöchige Segeltörns durch

53

die Ostsee, die von der »Ariadne« angeboten werden. Besonderer Service: für Landausflüge auf den dänischen Inseln, die umsegelt und angelaufen werden, stehen an Bord Fahrräder bereit. Das ist keine Ente, das ist wahr. Ob irgendwann auch Fahrräder an Bord von Weltraumstationen bereitstehen, wenn die Passagiere auf Mars, Jupiter, Mond oder Venus einen kleinen Ausflug, eine Fahrradtour unternehmen wollen? Wer weiß, was es noch alles geben wird.

Um wieder anzuknüpfen: Ich glaube nicht, daß uns das Radeln einmal abgeht. Pro Jahr wird eine ganz schöne Menge dieser chromblitzenden Fahrzeuge produziert. Es werden Radwege gebaut und man kann auch die asphaltierten Wege der Landwirtschaft leihweise benutzen. Es gibt Waldwege, die befahren werden dürfen, einsame Verbindungsstraßen - oft nur Striche auf den Landkarten - schöne Kreisstraßen ... und überhaupt macht man immer das, was schön ist und Freude macht. Sonst wäre letztlich die Menschheit längst ausgestorben. Nein, die stirbt nicht aus, von selbst jedenfalls nicht, und das Radeln auch nicht.

Fahren Sie wieder einmal. Nicht zur Arbeit, nicht ins Geschäft. Fahren Sie samstags raus, vor die Stadt. Der Wald, ganz früh an einem Sommermorgen - oder auch im Herbst, der Herbst ist genauso schön -, wenn die Sonne den Tau dampfen läßt ... das ist wie ein Symphoniekonzert. Nein, das ist jetzt nicht spaßig. Das meine ich so. Das kann man draußen erleben, ganz ohne Instrumente. Es gibt vieles, das man seit der Kinderzeit, seit »damals« vergessen hatte, das man

54

aber neu entdecken kann. Und neue Erlebnisse, verbunden mit alten Erinnerungen, sind ganz schön.

Und wenn Sie auf Ihren PS-Schlitten nicht verzichten wollen (weil er so bequem ist), dürfen (weil die bessere Ehehälfte nicht will), können (weil Sie mitten in der Großstadt wohnen), mögen (weil die Freundin nicht auf den Gepäckträger steigen kann), dann packen Sie das Westentaschen-Bicycle in den Kofferraum.

Viel Spaß dabei!